30秒看世界

30秒认识艺术

[英] 苏西·霍奇 著
[英] 韦斯利·罗宾斯 绘
[英] 西蒙·阿姆斯特朗 顾问
宋阳 汪蘅 译

中信出版集团 | 北京

图书在版编目（CIP）数据

30 秒认识艺术 /（英）苏西·霍奇著；宋阳，汪蘅译. -- 北京：中信出版社，2019.7
（30 秒看世界）
书名原文：Great Art in 30 Seconds
ISBN 978-7-5217-0732-8

I. ① 3… II. ①苏… ②宋…③汪… III. ①艺术－少儿读物 IV. ① J-49

中国版本图书馆 CIP 数据核字（2019）第 114297 号

30秒认识艺术

著　　者：[英] 苏西·霍奇
译　　者：宋阳　汪蘅
出版发行：中信出版集团股份有限公司
（北京市朝阳区惠新东街甲 4 号富盛大厦 2 座　邮编　100029）
承 印 者：北京利丰雅高长城印刷有限公司

开　　本：787mm × 1092mm　1/16　　印　　张：5　　字　　数：60 千字
版　　次：2019 年 7 月第 1 版　　印　　次：2019 年 7 月第 1 次印刷
京权图字：01－2018－7505　　广告经营许可证：京朝工商广字第 8087 号
审 图 号：GS（2018）5921 号
书　　号：ISBN 978－7－5217－0732－8
定　　价：460.00 元（全 20 册）

图书策划：见识城邦
策划编辑：肖雪　程时音　　责任编辑：卢建勇　曲沛然　于贺
营销编辑：杨璞　　装帧设计：象上设计
责任印制：刘新蓉

30秒认识艺术

目录

序

60秒介绍

数千年来，全世界不同文化背景的人都在进行艺术创作。艺术家雕刻、绘画和印刷。他们创作很小的作品，也创作巨型的作品，既有精细的钢笔画，也有石雕、有框画和大型抽象雕塑。甚至在发明书写文字之前，人们就以艺术创作表达信念和感情并展现重要的或令人震惊的事件。

的确令人惊叹，但即使有这么多艺术家创作了这么多艺术品，这些作品却几乎各不相同。艺术可以是写实的，也可以完全不写实。有些作品看起来平静而沉寂，有些则充满活力——有些甚至还能动！艺术可以看起来宜人，也可以令人不快。你几乎能在任何场合看到艺术品——美术馆、博物馆和宗教场所，还有医院、学校和公园等公共空间，电视和电影也会展示艺术。

为了帮助人们理解艺术家如何、为何以某种方式工作，艺术史学家将不同类型和风格的艺术组成不同的类别，即我们通常所说的艺术流派。你或许知道“文艺复兴”这个词，它指的是15世纪和16世纪的艺术家在欧洲创造的艺术。你也可能听说过波普艺术，20世纪60年代主要在英国和美国产生的一种流派（那时流行乐发展起来，13

岁到19岁的年轻人第一次被称作青少年）。

并非所有的艺术都能纳入这些有序的类别，艺术也并非一种种风格依次发展那么简单，但是，艺术“分类”依然有所助益。类别有助于你仅靠观看就大致推断出一件艺术品是在何处、何时以及为何造出。艺术流派会出于各种缘由而发展变化，包括新发现和发明、战争及其他重大事件。有些艺术流派是因反对另一种艺术而发展出来的，例如波普艺术和极简主义是反对抽象表现主义的艺术流派。

你无须了解关于艺术的一切就能乐于欣赏它，但假如你了解一点儿艺术，就可从中获得更多乐趣。这本书会帮上忙。它探索了关于艺术的迷人故事，从我们最初所知的艺术开始，以新近创造的艺术收尾。它会考察艺术史上人们做了什么，谁做的，意味着什么，每一章分别向你展示不同时期由各种艺术家创造的不同艺术类型。

每个话题都用一页解释基础知识。如果你很匆忙，可以阅读“3秒钟总结”。别忘了自己试试去完成艺术任务，这能帮你创造自己的艺术。

不用为赶紧读完这本书而尝试快速阅读每一页，你想花多少时间阅读并吸收其中所有的信息都可以。一旦读完，你很可能会想再从头读一遍，因为书就像艺术——你看得越多，看到的、学到的也越多。

什么造就了伟大的艺术

据我们所知，人类一直在创造艺术——它们形状大小各异，涉及一切事物，如宗教、战争、爱、希望和骄傲，甚或仅与颜色和形状有关。除了表达强烈的信念、感情和意见外，艺术有时候是艺术家试图理解世界的一种方式。对于观看艺术的人来说，它既有教益，又激发情感——能让人们体会到不同的情绪，如快乐、悲伤、愤怒或震惊。艺术家很可能会持续不断地创造艺术，而观众将继续欣赏、购买并谈论艺术。

什么是艺术

30秒大揭秘

几百年来人们一直在问这个问题，而这个问题永远不会只有一个答案！因为艺术完全可以是任何东西。它是人创造的有诸多不同形式的某种东西，包括绘画、雕塑、雕刻、陶艺和建筑等。音乐、故事、诗歌和舞蹈也都是艺术形式。本书主要关注视觉艺术，如绘画和雕塑。

关于艺术应该是什么、应该做什么，人们总有许多不同看法。有的人认为只有现实主义艺术才是“真正的艺术”，其他人则认为让艺术品栩栩如生没有必要，因为照片就能做到。有些人相信所有的艺术都应该是美的，其他人则认为它应表达感情和意见，即使这会让艺术丑陋。另外，有些人认为艺术品传达的信息最重要，艺术家教给我们或告诉我们的事比艺术品看起来如何更重要。

艺术有趣的地方在于，一旦有人试着定义它应该为何，就有其他人做出某些貌似非常不同的东西，这证明艺术可以是任何事物。因此艺术的定义总在变，并没有最佳的特定类型或风格。

3秒钟总结

艺术不只是绘画，而且可以是人创造出来表达自我的任何事物。

小知识

艺术可能是垃圾！

某些艺术品看起来真的像是垃圾。2007年，英国艺术家加文·特克做了一些着色的青铜雕塑，看着恰如塑料垃圾袋。他将作品命名为“垃圾”。他用传统艺术材料创作的理念确实让人们思考何为艺术。它们还传递出另一条强烈的信息——它们向观众表明人们有多浪费，我们应该如何更加关注环境。

关于什么是艺术，人们总是众说纷纭，但它真的可以是任何东西

世界上存在着各种不同的艺术形式，包括视觉艺术（例如绘画和雕塑），演艺术（如舞蹈和演戏），还有其他一系列内容，包括摄影、故事或诗歌，甚至工艺品、服装和珠宝也能被看作是艺术

对有些人而言，甚至一只垃圾桶也可以是艺术！

艺术为何重要

30秒大揭秘

艺术有各种重要用途。你可以认为它是一种国际语言，能帮人们互相交流。它可以表达思想、观念和信念，讲故事，传播信息以及激发情感。人们使用它的目的也有诸多不同，比如说为了宣传（促进一项事业，如政治运动），或者为了达成宗教目的，或仅仅用作装饰。

你能从艺术中学到很多。它总能反映出创造它的那个人和他身处的社会背景。你能从中了解艺术家和他们的观点，以及他们所处的时代和文化。它还能让你思考，向你提出需要解决的难题，甚至让你改变思想或态度。

观看艺术品还能让你产生一些感受。色彩、形状、有趣的场景和图案能给你带来不同的感受，例如快乐和振奋，悲伤和沉思，甚至愤怒、震惊或有点儿不适。

艺术让我们的眼睛和大脑得到锻炼，你看艺术品时，时常会有新的想法，你的感情和梦想被激发出来。

3秒钟总结

艺术有助于我们理解身边的世界。

3分钟任务

艺术很重要！

你需要：纸、彩色铅笔、钢笔、颜料和画笔

什么东西对你很重要？你的宠物、朋友、最爱的食物、闲坐的地方，或一段回忆？

画出来！你想怎么画就怎么画——用彩色铅笔、钢笔或画笔。想想你作画时用许多颜色和粗线条把纸涂满时的感受。

艺术教我们了解不同的
人、地方、文化和观点

从艺术品的题材、材料和创作方法中
我们能了解艺术家及其信念和环境

艺术能激发人们的不同
情感，同一件艺术品能
让一个人愉快，也能让
另一个人悲伤

为什么艺术有价值

30秒大揭秘

有些著名艺术品真的很贵——有的画作拍价高达数亿英镑！但关于艺术的价值，人们总是无法达成一致，而且价值一直在变。最初不怎么值钱的艺术品可能几年后卖到几百万英镑，有些艺术品在刚刚创作完成时价值不菲，但后来就不值几文了。

有的艺术品甚至昂贵到人们无法给出价格，因而被称为“无价”。这些艺术品特别有价值的原因有许多，但归根结底取决于人们有多想获得它，以及它有多稀缺。艺术家和艺术风格只流行一时。如果许多人想要某件东西，但只有少数人能实际拥有，稀缺性也会让这个东西值钱。经常是因为艺术家去世了，他们不能再创造更多的艺术品，所以他们此前所作的艺术品才变得稀缺。

有些人拥有极其昂贵的艺术品并将其收藏在家里，但许多贵重的艺术品保存在博物馆和美术馆里。这既意味着专家能保证艺术品的安全，还可以让任何人都能来博物馆或美术馆观看、欣赏。

3秒钟总结

艺术品流行或稀缺时就变得值钱。

小知识

神秘的蒙娜丽莎

神秘也能让艺术品有价值。世界上最著名的肖像画《蒙娜丽莎》由列奥纳多·达·芬奇在16世纪早期绘制。没人知道画中这位妇女的身份、她的生活背景，以及达·芬奇为她画像的原因。人们似乎很喜欢这种神秘——每年大约有900万人到巴黎卢浮宫看这幅画。

艺术的价值取决于流行风尚和其稀缺程度，而这些随时都可能改变

文森特·凡·高在世时并不出名，而且难以靠画画维生

现在，文森特·凡·高的画作位居世界上最有名和最有价值的艺术品之列

凡·高最著名的画作现在昂贵到被称为“无价”，它们不供出售，只在美术馆和博物馆陈列，这样每个人都能看到

《向日葵》，文森特·凡·高，1888年

早期艺术

人们早在能够书写文字以前就开始创造艺术了！世界上许多地方的人们都创造了形式非常多样的早期艺术，从岩壁上和墓穴中的绘画到雕塑、陶罐和镶嵌画。人们出于各种各样的原因进行艺术创作，选用的是他们能找到的各种材料。许多古代艺术同人们的宗教信仰有关。让艺术品看起来写实并不总是艺术家的目的，有时候，艺术品甚至根本就不是为了让他人看懂而创作的。

史前艺术

30秒大揭秘

史前的意思是文字发明之前，因此史前艺术是文字发明之前的人们所创造的艺术。人类在地球上生活超过了400万年，但迄今发现的最早的艺术品是在大约35 000年前创作的：肚子圆圆、没有手脚的小型女性石像，是由一队考古学家在德国一个洞穴里发掘出土的。也可能在比这更早以前就有了艺术作品，但要么腐烂了，要么毁掉了，不然就是还未被我们发现！

史前艺术的遗迹在全世界都有分布——欧洲、非洲、北美洲、南美洲、亚洲和大洋洲。尽管在这么多不同的地方广泛分布，许多艺术品的类似程度令人惊讶。史前艺术家往往会绘制或雕刻动物形象，这些艺术品大多画在或刻在岩壁上，也有的是由岩石或骨头制成。

我们对于这些艺术品所知甚少，因为史前艺术家无法写下任何东西，因此没人能完全确定他们是谁，为何创造艺术，或者这些艺术品是何含义。但这些艺术品依然能够告诉我们一些他们看待世界的方式和他们看重的事物，包括家庭和为获取食物而狩猎等等。

3秒钟总结

史前时代就有了艺术，而且那还是在人们发明文字之前。

3分钟任务

做一个洞穴艺术家

你需要：黑色、灰色或褐色的纸，彩色粉笔或颜料和画笔

用一张很大的黑色、灰色或褐色的纸和一些彩色粉笔或颜料，画你最喜欢的动物（或宠物）。你可以像洞穴艺术家那样，选用“大地色”颜料，例如不同的褐色、黄色、灰色、黑色和白色。你还要试着涂抹、弄脏和混合各种颜色。

人类进行艺术创造已有数万年的历史，史前绘画和雕塑告诉我们一些关于早期艺术家的生活

艺术家们绘画或雕刻对他们很重要的内容，如动物和家庭

有些史前艺术家将手掌张开按在岩壁上，用中空的骨头吹出彩色粉末盖住手掌，手掌印就这样留在岩壁上了

艺术家使用木炭、泥土和白垩等物质，混以动物油脂和水，甚至唾液和血来作画

没有画笔，他们就用木棍、骨头、兽皮、树叶或手指涂颜料

右上角图：法国拉斯科洞窟的史前岩画，20 000—17 000 年前
右下角图：阿根廷巴塔哥尼亚手印洞穴的史前壁画，13 000—9 000 年前

埃及艺术

30秒大揭秘

古埃及人生活在约5 000年前，其文化是古代世界最先进的文化之一。除了崇拜数百位神，他们还相信人有来生。我们是从他们留下的色彩鲜艳的墓穴壁画和其他艺术品中了解到这些的。

古埃及艺术创作遵从严格的规范。先是学习就要花许多年，有些学徒画师从9岁就开始训练。虽然画家采用的平面绘画风格在我们看来很奇怪，但对他们而言却完全合理。他们认为，遵循程式比将一幅画画得栩栩如生或独一无二更为重要。每幅古埃及绘画都经过精确测量，只包含必不可少的内容。

无论是壁画艺术、雕像还是纸莎草绘画，古埃及艺术通常都是为了纪念一位富人或要人而创作的，如死去的法老。古埃及人相信他们的神会帮助逝者去往来生，在那里以灵魂的形态生活。因此，为了告诉神某人如何度过一生，人们将他的尸体放入墓穴，雕刻丰美的石像和象形文字（代表物品的小图画或符号）艺术品环绕其四周，还有精美壁画展示出此人的生活场景。

3秒钟总结

古埃及人从事艺术是为了向神展示重要人物是如何度过一生的。

3分钟任务

用图画讲一个古埃及故事

你需要：纸、彩色铅笔或钢笔

画出你自己的古埃及式图画。从早上醒来到上学，你都做了什么？用一系列小幅图画画出来，但要以古埃及风格作画——画头、胳膊、腿的侧面，画胸和眼睛的正面。用平滑明亮、没有阴影的色块填满你的作品。

古埃及艺术遵循一套严格的规范，作品创作出来是为了帮助死去的有钱人抵达来生

《沼泽捕鸟》，古埃及墓穴壁画，约公元前1350年

古希腊艺术

30秒大揭秘

对生活在约2 500年前的古希腊人而言，艺术很重要。古希腊艺术家用绘画装饰房屋，制作美丽的陶器，设计令人印象深刻的建筑，打造宏伟的雕塑。古希腊人想要做出看起来完美的艺术品，就像自然中的事物一样，他们利用比例做到了。

早期的古希腊雕像经常看起来僵硬而不真实，但到了大约公元前6世纪末，艺术家们开始研究并测量人体比例。这改变了一切。雕塑家使用精确的尺寸，能够创造出很自然的雕像，满足他们关于完美的理念要求。从那以后，艺术家和建筑师一直受这种思维方式的影响。

尽管现存的古希腊绘画很少，但许多陶器留存了下来。陶器有两种主要的风格：黑绘风格和红绘风格。制作黑绘陶器时，人们用泥釉（很湿的黏土）将图画和图案绘制在红色的陶罐上。焙烧后，泥釉变黑，但背景依然是红色。在制作红绘陶器过程中，人们用泥釉绘制背景，留下红色的图画和图案。

3分钟任务

做一块古希腊瓦片

你需要：自干型黏土、擀面杖、塑料尺、铅笔、颜料、画笔和白胶浆

古希腊人用黏土做陶器、花瓶和瓦，现在用自干型黏土做出你自己的希腊瓦片。擀出一片黏土，用塑料尺边缘将其切成方块。用铅笔尖在上面“作画”。黏土硬化后涂色，然后用白胶浆涂覆表层，干燥后表面清晰闪亮。

3秒钟总结

古希腊艺术家设法让艺术品看起来完美无瑕。

古希腊艺术家的目标是创造比例精确且得当的陶器、雕塑和建筑

细心设计陶器，使其外形平衡、对称

雕塑常以白色大理石雕刻而成，艺术家想让它们看起来逼真，尽量完美

古希腊庙宇要求精确测量，遵循严格的设计和强度规范

中上图：黑绘陶罐，表现赫拉克勒斯与阿波罗的争斗，约公元前520年
左下图：红绘陶罐，表现萨福（古希腊诗人）正在教授音乐课，约公元前460—前450年

古罗马艺术

30秒大揭秘

到公元前100年，强大的罗马帝国已经征服了很多地区。古罗马统治者在新的土地上建造城市，雇用建筑师、匠人和艺术家，使城市遍布建筑和艺术品。

古罗马艺术家从古希腊艺术中学习，许多古罗马雕塑是古希腊雕塑的翻版。和追求完美的古希腊人不同，古罗马艺术家的作品往往更接近真实的生活。例如，当他们为某人塑像时，会将其不完美之处也表现出来，例如皱纹或扭曲的鼻子。

大多数古罗马艺术被用来展现力量，到处都是雕像——街上、庙里、公园里或富人家里。将巨大的皇帝雕像放在城里各处是种很好的宣传方式，可以提醒每一个人牢记，在这个国家谁说了算。艺术家还为古罗马的众神、受尊重的哲学家（思想家）、著名运动员和军队将领塑像。另外，古罗马人制造陶器、浮雕（凸起的雕刻画）、壁画（墙上的画）和镶嵌画。

3秒钟总结

古罗马艺术接近现实，时常用以表现帝国的力量。

3分钟任务

做一幅镶嵌画

你需要：白纸或卡片、彩纸、剪刀、铅笔、胶水

古罗马人用石头和玻璃做镶嵌画，但你可以用彩纸做。将彩纸剪成小方块，在白纸或卡片上画一幅画或图案，然后把小方块粘到你设计的画或图案上，当中留下小空隙。

在古罗马帝国扩张的过程中，古罗马艺术被用来展现力量和地位

有些壁画设计得好似能看见外面美丽风景的窗户

古罗马浮雕时常表现大型战役及其他重要事件

古罗马人主要给地板做镶嵌画，最早只有黑白两色，后期就有彩色的了

皇帝和元老们逼真的半身像四处点缀着古罗马的城市，提醒人们牢记这里谁说了算

哈德良皇帝半身像，约117—138 年

拜占庭艺术

30秒大揭秘

从公元500年到1000年，基督教在欧洲广泛传播。第一位信奉这一新宗教的古罗马皇帝是君士坦丁。公元300年前后，他将古罗马帝国的都城从罗马迁到拜占庭（今土耳其伊斯坦布尔），将其命名为君士坦丁堡（以他的名字命名）。在那里发展的艺术便以拜占庭艺术闻名。

拜占庭艺术是宗教艺术，经常表现《圣经》中的形象。那时候多数人不识字，因此画像能提醒他们在祈祷时应该想什么。这种艺术装饰性很强，艺术家会在教堂墙上绘制令人印象深刻的壁画和精致的镶嵌画，此外精致的彩色玻璃窗、饰以黄金的宗教手稿、色彩鲜明的木版画也是他们的杰作。

拜占庭艺术并不意在真实。基督教徒相信人应该崇拜上帝和《圣经》里的圣人，但不要崇拜他们的图像或塑像。如果艺术品看起来太过真实，就会有风险，可能会导致人们崇拜艺术而非圣人们本身。

3秒钟总结

拜占庭艺术是非现实的、装饰性的，描画基督教人物。

3分钟任务

手工装饰字母

你需要：白纸或卡片、铅笔、直尺、彩色铅笔或钢笔

泥金装饰手抄本是拜占庭艺术的一种流行形式。一页书上的头几个字母往往比其他字母大且色彩鲜明，有图画或图案环绕。手工做出你自己的首字母装饰！在一张纸或卡片上，小心画出你的姓名拼音的首字母——如果愿意可以借助直尺。然后用图画和图案装饰，再着色。

拜占庭艺术专注于表现基督教和《圣经》，目的是辅助人们祈祷和崇拜

艺术家有意让自己的创作看起来平面而不真实，办法是将人物画成脸朝前方且无阴影

拜占庭艺术家从不表现笑脸！

泥金装饰手抄本由神父和修士制作，精细多彩，上面有许多图画和图案

镶嵌画，《圣母子》，土耳其伊斯坦布尔的科拉教堂，约1315—1321年

阿兹特克艺术

30秒大揭秘

从14世纪到16世纪的200多年里，几种阿兹特克文明在墨西哥中部发展起来。包括奥尔梅克、玛雅、印加、托尔特克和萨波特克。每种文明都创造了自己的艺术类型。

尽管阿兹特克人发展了自己的艺术风格，但也受到了在本地区生活了几千年的一些部落艺术的影响，也就是说阿兹特克艺术变化很大。阿兹特克艺术主要表现神、人和动植物的形象，有时候看起来很自然，有时候色彩丰富而抽象。艺术形式包括雕塑、雕刻、陶艺、金属制品、珠宝、面具和建筑。

阿兹特克艺术主要为了荣耀该文明的诸多神明而存在。阿兹特克人将巨大的石刻神像置于庙宇之中，在石墙和柱子上制作精细的雕刻或浮雕，甚至盛放食物和饮品的陶器也采用了荣耀神明的设计。

阿兹特克人是农民，他们的诸神代表身边的自然世界，包括动物和天气。他们最重要的神是太阳神，这位神祇有诸多不同变体。最早的太阳神是战神纳纳瓦金，但他被另一位战神维齐洛波奇特利代替。

3秒钟总结

阿兹特克艺术发展了数千年，主要用于颂扬阿兹特克神祇。

小知识

阿兹特克象形文字

阿兹特克人发展出了自己的文字书写形式。阿兹特克祭司——而非普通阿兹特克人——根据他们所说的语言发明了这种文字。阿兹特克人写的并不是字母，而是用被称作象形文字的符号或图画代表物体或声音等。祭司在用动物皮或植物纤维做成的长且薄的“纸”上书写这些象形文字，它们被称作手抄本。

阿兹特克人制作雕像、建筑和陶制工艺品都是为了荣耀阿兹特克神祇

黑夜美洲豹
美洲豹神——夜空之神

羽蛇神
蛇神——风之神

维齐洛波奇特利
蜂鸟神——太阳神和战神

修洛特尔
和狗有关——火神

玉米神雕像，约1400—1521年

从文艺复兴到洛可可

15世纪的欧洲，一些古希腊和古罗马的艺术和文字被重新发现。尤其是在意大利，几个世纪以来第一次，技术、科学、数学、写作和艺术等许多古代文明得到复兴，并迅速传播到整个欧洲。这段时期后来被称为文艺复兴，法语的意思是“再生”。16世纪，有些艺术家尝试了一种新的风格，后来成为人们熟知的风格主义。到了17世纪产生了另一种戏剧性的艺术风格：巴洛克。大多数文艺复兴、风格主义和巴洛克艺术都颇为严肃，主要围绕着基督教进行创作。18世纪早期，洛可可艺术出现，这种艺术更加活泼，让人感到轻松、有趣。

文艺复兴早期及全盛期

30秒大揭秘

15世纪时，一些意大利的艺术家和思想家重新发现了古希腊和古罗马艺术及文字作品。这激发他们创建了自己的艺术风格，即后来被称为文艺复兴艺术的风格。文艺复兴艺术通常分为早期文艺复兴艺术和文艺复兴全盛期艺术。

早期文艺复兴艺术（约15世纪）和拜占庭艺术不同，意在表现现实，表现感情。透视法通过将远处的物体画小一些，使二维绘画看起来像是三维的。意大利文艺复兴早期的著名艺术家包括创作出生动雕塑的多那太罗和经常描绘古典神话的波提切利。

文艺复兴全盛期（大约从15世纪90年代到16世纪20年代），艺术家们——依然多为意大利人——还发明了更富技巧的方法，用二维绘画表现三维世界，并在绘画和雕塑中都表现出情感、现实性和戏剧性。他们用光影巧妙地营造出对比和深度。有几位天才艺术家在文艺复兴全盛期进行创作，其中包括列奥纳多·达·芬奇、米开朗琪罗、拉斐尔和提香，他们全都采用了新技巧。例如列奥纳多·达·芬奇就使用了晕涂法，这是一种柔和地画阴影的技巧，能让事物看起来尤为立体。

列奥纳多·达·芬奇
（1452—1519）

3秒钟总结

文艺复兴艺术家为古希腊、古罗马艺术所激励，采用新技巧创造出生动的艺术品。

3分钟任务

做一幅透视图

你需要：纸、铅笔

画一条横穿纸张的直线。这是地平线，也是天空和大地或海洋的相接处。在这条线中间标一个点——这是消失点。画面中的每件东西距离这个点越近，就应该越小。按照这个规则画一个场景。

文艺复兴艺术家使用新技法，令其艺术作品比之前任何时候都更为写实

利用透视规则画出的二维图画看起来是立体的

这是地平线（大地和天空相接之处）

这是消失点（地平线上的一个点，画中所有的物体都在此消失）

物体离消失点越近，看起来就越小，这使得它们看起来更远

天花板上布满了超过300个等身大小的人物。他们身体强壮、肌肉发达，全部处于戏剧性姿态

米开朗琪罗花了4年时间绘制西斯廷礼拜堂的天花板——这是文艺复兴全盛期最为著名的艺术品之一

左上图：《建筑城市景观图》，弗朗西斯科·迪·乔治·马尔蒂尼，约1490年
右下图：《创造亚当》，米开朗琪罗，西斯廷礼拜堂，约1512年

北方文艺复兴艺术

30秒大揭秘

从1430年到1580年，一种新的艺术风格在北欧出现。北方文艺复兴艺术家和意大利文艺复兴艺术家不同，他们并非从古希腊、古罗马艺术中获得灵感，而是为他们身边的世界所激发。

尼德兰艺术家如老彼得·勃鲁盖尔，研究自然并创作了关于生命世界的生动画作。没人知道油画颜料最初应用的准确时间，不过在15世纪的某段时间，尼德兰艺术家将干燥的粉状色素与油而非鸡蛋混合作为颜料。和艺术家之前一直使用的蛋彩颜料不同，油画颜料干燥缓慢，给了画家调整或改进的时间，他们可以增添细节，创作出更现实的图画。蛋彩画是不透明的，而油画颜料干燥后有一层半透明的光泽。

北欧画家，如阿尔布雷希特·丢勒、老彼得·勃鲁盖尔、扬·范·艾克、罗伯特·坎平和小汉斯·荷尔拜因，创作了一系列画作，其细节之生动令人惊叹。许多艺术家在光滑的木板上绘画，这有助于他们创作出逼真的细节。有些艺术家制作木刻画，有些则制作木雕。

3秒钟总结

北方文艺复兴艺术家用油彩绘制出细节极为丰富、栩栩如生的艺术品，还制作版画和雕刻作品。

小知识

印刷和版画制作

大约1440年，在德国，约翰内斯·谷登堡改进了印刷术。这意味着人们可以很便宜地制作并出售书籍，更多人因此能够阅读和学习。同样在北欧，艺术版画的制作也得到了发展，尤其是木刻画和镌版画。艺术家在制作木刻画时，用锋利的工具将薄木块的某些部分削下，留下凸起的部分用于印刷。

北方文艺复兴艺术家细致地观察自然，以便创造出写实的艺术品

北方文艺复兴艺术家较少创作教堂所需的大型艺术品，而较多创作富裕的商人可以购买并在家中展示的小型画作

色彩、阴影和明亮部分能用油画颜料均匀融合

艺术家尤为擅长雕刻和印制木刻画，他们密切地关注细节

中上图：《雪中猎人》，老彼得 · 勃鲁盖尔，1565年
右下图：《逃往埃及》，阿尔布雷希特 · 丢勒，约1504年

风格主义艺术

30秒大揭秘

从16世纪20年代到大约1600年，一种被称作风格主义的艺术风格出现了。“风格主义”这个词来自意大利语“maniera”， 意思是风度或风格，但直到200年后才用来形容这种风格。

尽管依然受到古希腊和古罗马艺术的启发，风格主义艺术却更为夸张和不寻常。与现实中看起来平衡、自然相反，人物、动物和其他物体通常被画得略有些不成比例。这一风格的画作呈现的人物有优雅但长得出奇的胳膊、腿和身体，以及非常小的头，经常表现出复杂而扭曲的姿势。画作颜色通常也不自然。

有些人认为这种不自然的风格是宗教改革时期宗教和政治混乱的结果。在这一动荡时期，天主教会分裂，出现了一种新的基督教类别，即新教。还有人认为风格主义是从奢侈放肆、夸张浮华的16世纪宫廷中获得启发的。

埃尔·格列柯是著名的风格主义艺术家。他来自希腊，本名多明尼克·狄奥托可普利，但是在西班牙生活和工作，因此得到绰号埃尔·格列柯，在西班牙语里意思是“希腊人”。

3分钟任务

变形自画像

你需要：纸、勺子、铅笔

意大利画家帕尔米贾尼诺21岁时，照着凸透镜上自己的影像画了幅自画像。这幅画没有直线，他身体的一些部分着实怪异。看着勺子的背面，画你自己的变形影像。仔细观察勺子映出的你的脸和背后的一切，依样画下你所看到的。

3秒钟总结

风格主义者抻长并夸张了其绘画及雕塑中的人物。

风格主义绘画通常很夸张，人和动物显得特别高且优雅

这匹马的腿被抻长了

这个人的头画得比真实情况小了许多，这和他长长的身体形成对照

这位女圣人的手很大，和她的小头形成对照

左上图和中图：《圣马丁与乞丐》，埃尔·格列柯，1597—1599年

左下图：《圣母子与圣玛蒂娜和圣艾格尼丝》，埃尔·格列柯，1597—1599年

巴洛克艺术

30秒大揭秘

17世纪早期的欧洲，新教教会越来越受欢迎。天主教会失去了影响力，想要吸引基督徒重返自己的教堂，其领袖们因此鼓励艺术家创作以戏剧性的方式讲述《圣经》故事的艺术作品。这种戏剧风格后来以巴洛克艺术之名为人所知。

巴洛克艺术始于意大利，之后散播到世界其他地方。除了绘画、雕塑和建筑，巴洛克艺术还包括音乐。所有的巴洛克艺术都生气勃勃，很有表现力，经常感情外露。卡拉瓦乔和伦勃朗的画作以令人兴奋的方式表现人们真正的样子，使17世纪的观众感到激动。

巴洛克风格的绘画往往有暗色背景，明亮的光线照亮画面主要部分。这种技巧——明暗对比法——创造出一种戏剧感。巴洛克风格的雕塑令人赞叹且具戏剧性，每每以昂贵的材料做成，如大理石或青铜，有时甚至覆以黄金。

伦勃朗·哈尔曼松·凡·莱因
（1606—1669）

3秒钟总结

巴洛克艺术夸张而富有戏剧性，天主教会鼓励其发展，好让天主教更吸引人。

3分钟任务

明暗对比法

你需要：要画的物品、台灯或手电、白纸、铅笔、彩色铅笔或颜料和画笔

收集一些物品准备画自己的明暗对比画，例如水果和蔬菜，或者瓶子和碗，将它们在桌上摆好。让屋子变暗，放一只小台灯或手电在物品的一侧。画出你所见场景的轮廓，标出阴影区域、明亮区域和高亮区域。然后让屋子亮起来，用彩色铅笔或颜料给画上色，夸张阴影，让高亮部位留白。

巴洛克艺术采用新绘画技巧创造戏剧性的、感情外露的和有感染力的作品

这幅卡拉瓦乔的画作通过栩栩如生的人物讲述了一个圣经故事

有些人不喜欢卡拉瓦乔的艺术，因为他那生动逼真的圣经人物看起来很穷，并不美丽富有，这在当时是很让人震惊的

有些艺术家采用一种叫作明暗对比的技巧：光与影的戏剧性对比

《圣彼得的否认》，卡拉瓦乔，1610年

洛可可艺术

30秒大揭秘

1715年前后，一批法国艺术家开始用轻快优美的方式和柔和的色彩作画。这种活泼轻巧的风格是对它之前的巴洛克风格的戏剧性和阴暗的反对。后来这种风格被称为洛可可风格，名字很可能来自法语词“rocaille”（描述贝壳和岩石），因为洛可可艺术采用了许多自然图案和形状。

这种风格最先出现在室内装饰和建筑上，很快也出现在绘画和雕塑中。洛可可风格的绘画雅致而令人愉快，时常表现贵族们开心玩乐、演奏乐器和跳舞野餐的场面。洛可可艺术家往往描绘想象的、梦幻般的风景，比真人更显漂亮的人像，以及爱与浪漫的主题。宗教、政治等严肃主题不再像它们在巴洛克艺术里那样占据中心位置。

著名的洛可可艺术家包括让－安东尼·华托和弗朗索瓦·布歇。华托常画富有的贵族，所画的场景从自然中获得灵感。布歇为人熟知的是他优美的风景画，画里经常有衣着奢华的牧羊人和牧羊女。

3秒钟总结

洛可可艺术采用柔和的色彩和曲线，主要描绘大自然和富人游乐。

3分钟任务

设计洛可可风格的枝形吊灯

你需要：纸、铅笔、彩色铅笔

尝试设计你自己的洛可可枝形吊灯。

用铅笔轻轻在纸上画出你的设计，填满纸张。加入足够的曲线、涡卷形图案、贝壳或树叶装饰。加上蜡烛（既然那时还没发明电），然后细心上色。

洛可可艺术家用优美的布局和柔和的色彩营造轻快活泼的风格

洛可可艺术流派始于室内设计和建筑，该流派的艺术家从自然形状中获取灵感，如贝壳和树叶

在这幅画里，华托以现实主义方式表现一位妇女，但她周边的环境（以及坐在她脚边的狮子！）使得这幅画如梦如幻

《刻瑞斯（夏）》，让－安东尼·华托，约1717—1718年

新古典主义到后印象主义

18世纪的巴洛克风格和洛可可艺术改变了艺术的面貌，而到了19世纪，艺术又经历了更多的变化。工业革命传到了欧洲大陆和美国，改变了那里的社会面貌和经济，城镇大规模兴起。1841年锡管颜料的发明使画家从此摆脱了亲手研磨和混合颜料的苦差事。配好的颜料装进锡管里就是所谓的“锡管颜料”，画家可以直接购买现成的颜料使用。有了这种携带和使用起来都十分方便的颜料，画家就能够更轻松地描绘周围世界的变化。这使他们勇于尝试新的想法，一场场新的艺术运动也相继出现。

新古典主义和浪漫主义

30秒大揭秘

从18世纪末到19世纪初，新奇的思想、奇妙的发现和激烈的叛逆相互交织。受此影响，这段时期出现了两场截然不同的艺术运动。

一、新古典主义源于意大利境内发掘出来的古罗马城市，比如庞贝古城。在这些古代遗址里发现的古罗马绘画、雕塑、建筑物和日常物品掀起了新一轮的“古典”艺术热潮。雅克－路易·大卫和让－奥古斯特·多米尼克·安格尔等新古典主义艺术家，惯用平滑的轮廓描绘贵族人物形象，意在激发人们的勇气和自豪感。他们的作品体现出强大的控制力和高超的技艺，这令他们备感骄傲。另一位法国艺术家伊丽莎白·路易丝·维吉·勒布伦则用洛可可色调和流畅的新古典主义风格进行创作。

伊丽莎白·路易丝·维吉·勒布伦（1755—1842）

二、充满激情、戏剧化和鲜活的浪漫主义反映了这个时期的动荡不安和人们对古罗马的新兴趣。浪漫主义艺术家包括法国画家欧根·德拉克洛瓦和西奥多·籍里柯，还有西班牙艺术家弗朗西斯科·德·戈雅。他们运用醒目的色彩和豪放的笔触创作出情感强烈和充满想象力的作品。

3秒钟总结

新古典主义是冷静、谨慎和精确的，而浪漫主义则是戏剧化、大胆和富有想象力的。

小知识

致命的艺术

这段时期的艺术家所使用的一些颜料具有致命的毒性。某些颜料如果不小心舔到会致人死亡，还有些颜料会使周围的空气具有毒性。有些棕色颜料是用从古埃及坟墓里偷出的木乃伊磨碎做成的，而被巴黎人当作老鼠药的亚砷酸铜居然被用来制作某种特别的绿色颜料。俗称“印度黄”的颜料甚至以一种印度奶牛的尿为原料——既难闻又不卫生！

在这个大发现与大叛乱并存的时期，出现了两种新的艺术风格：新古典主义和浪漫主义

新古典主义

开始时间：18世纪80年代

创作主题：受古希腊和古罗马历史启发的人物肖像

总体感觉：平静、爱国、高尚

绘画风格：精确的笔触、平滑的轮廓和细致的阴影

创作目的：激发勇气和自豪感

浪漫主义

开始时间：19世纪初

创作主题：传奇、大自然、暴力

总体感觉：戏剧化、情绪化、鲜活

绘画风格：豪放的笔触和醒目的颜色

创作目的：激发情感和想象力

上图：《拿破仑穿越阿尔卑斯山》，雅克-路易·大卫，1800年
下图：《摩洛哥骑士渡过浅滩》，欧根·德拉克洛瓦，1850年

风景画和现实主义

30秒大揭秘

在19世纪初期，工业革命彻底改变了人们的生活。工厂成批生产廉价的商品，火车跑遍了欧洲大陆，成千上万的农民离开了乡村，城市变得越来越大。面对这些翻天覆地的变化，许多艺术家开始改变他们的创作视角。

虽然在当时大多数人的心目中，伟大的艺术作品应该展现历史事件或著名人物，但仍然有艺术家开始把他们坐火车时见到的沿途风景画了下来，比如被称为“浪漫派风景画家”的英国人J. M. W. 透纳和约翰·康斯太布尔。透纳注重表现光线和氛围的影响，而康斯太布尔偏爱创作乡村主题的风景画。

现实主义始于法国。这类作品具有极强的震撼力，因为人们在画中看到的不是富人的安逸闲适，而是穷人的困苦生活。当时，已经出现了便携的管装颜料，这使得爱德华·马奈、让-弗朗索瓦·米勒和古斯塔夫·库尔贝等现实主义画家可以走出画室，在户外将这个现代世界的风貌画下来。

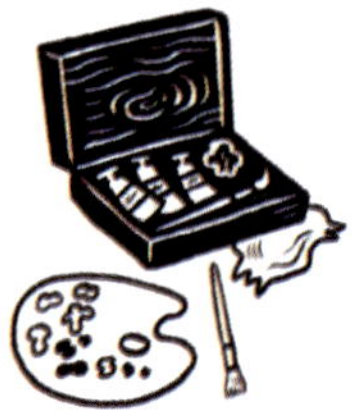

3秒钟总结

现实主义画家注重呈现当时的现实风貌，而不是花哨的主题和风格。

3分钟任务

水彩风景画

你需要：厚纸、海绵或刷子、颜料和画笔、纸巾或药棉、铅笔或钢笔

用湿海绵或刷子把一张厚纸润湿。在纸的上部涂上薄薄的一层蓝色，注意要用含水多的颜料，而且在画的过程中要不断加水。在蓝色部分仍然是湿的时候，把揉成团的纸巾或药棉压在纸的顶部，然后再取下，这样就可以画出云彩了。之后，从纸的底部开始往上画出深浅不同的绿色，一直画到中间并与部分蓝色重叠起来。等到两种颜色都变干之后，用铅笔或钢笔画上树木、花、鸟或一条蜿蜒的小路。

随着工业革命时期世界的飞速变化，出现了两种新的艺术运动：风景画和现实主义

风景画画家开始描绘日常所见的风光，而不是名人和重大事件

19世纪的现实主义画家描绘了普通的现实世界，作品里没有象征或想象的元素

米勒对穷人怀有深切的同情并常常通过作品来表现穷人的艰苦生活

《扶锄的男子》，让－弗朗索瓦·米勒，1860—1862年

浮世绘

30秒大揭秘

浮世绘再现了17世纪至19世纪日本的日常生活。“浮世”的意思是“普通人的世界”，“绘”指绘画。一般来说，浮世绘作品使用扁平色，而且构图是不对称的。

浮世绘艺术从17世纪20年代开始风靡日本，那时许多人从农村迁往城市。最早的浮世绘作品描绘了京都（日本的旧都）大众娱乐活动中的人物，比如传统演员和相扑力士。后来还出现了以风景、英雄和民间故事为主题的作品。

到了18世纪，喜多川歌麿等浮世绘艺术家开始创作刻版画。这意味着他们的作品可以批量生产，几乎人人都买得起。与原画相比，早期的刻版画暗淡生硬，但随着印刷方法的改进，刻版画变得越来越丰富多彩。

在19世纪末期，浮世绘刻版画常用于包装从日本出口到欧洲的装饰品和家具。从未见过浮世绘的西方艺术家一下子就爱上了这种艺术风格！浮世绘作品的用色和构图对克劳德·莫奈、埃德加·德加和J. A. M. 惠斯勒等艺术家也产生了影响。安藤广重、葛饰北斋等浮世绘艺术家的声名迅速传遍了西方世界。

3秒钟总结

浮世绘是表现日本生活、可批量生产的图画。

3分钟任务

用绳子制作版画

你需要：一张卡片、胶水、绳子、纸、颜料和画笔、擀面杖

将一段绳子粘到卡片上，形状随意，比如波浪或者太阳伞都可以。等胶水变干后，在绳子上涂上厚厚的颜料，再把一张纸牢牢按在绳子上，同时用柔软的手掌或擀面杖在上面来回摩擦。现在，把纸拿起来给大家看看你的作品吧！

浮世绘刻版画表现了日本的日常生活场景

画家用墨水
画出轮廓

雕刻师将轮廓图粘贴在一块木板上，然后沿着轮廓雕刻。雕好的木板将用来印刷作品的轮廓

为最终画作里的每种颜色雕刻一块木板，即色板

印刷师给每块色板的凸起部分涂上一种单色

印刷师把纸压在涂好色的色板上，通过滚动按压纸的背面进行印刷

每块色板重复同样的流程，永远都要最先印浅色

这是一个繁复的过程，但一旦整套色板雕刻完成，便可以很容易地进行批量印刷

《神奈川巨浪》，葛饰北斋，1826—1833年

印象派

30秒大揭秘

在19世纪60年代，一群年轻的法国艺术家——其中包括克劳德·莫奈、卡米尔·毕沙罗、皮埃尔·奥古斯特·雷诺阿和贝尔特·莫里索——创造了一种新的艺术风格。相对于精描细画的传统作品，他们用快速的笔触捕捉到光线变化的瞬间。

与现实主义画家和风景画家一样，印象派艺术家也以自然风景和日常事件作为绘画和雕刻的对象，很多人也在户外进行创作。他们不在意捕捉细节，而是观察一天里不同时刻和不同天气情况下的光线变化，并将这种变化对色彩的影响体现在作品当中。他们运用短促的笔触和明快的颜色快速作画，其中有几位甚至从来没用过黑色。

在印象主义最初兴起的时候，大多数人并不喜欢它。这种风格的作品看起来十分杂乱，让人感觉作者的绘画技巧不足。1874年，印象派画家组织了一次画展。观展之后，许多人只是付之一笑，还有人感到十分惊讶。一位批评家评论说，这些作品就像是半成品，只给人留下个“印象”而已。这就是“印象主义”这个说法的由来。然而，到了19世纪80年代后期，印象主义流行起来，印象派画家也出了名。

贝尔特·莫里索
（1841—1895）

3秒钟总结

印象派画家捕捉短暂的瞬间、光线和颜色，作画速度很快。

3分钟任务

留下印象

你需要：纸、颜料、画笔、剪刀、胶水、绿色纸、白纸或纸巾

莫奈以画睡莲著称（你可以在互联网上搜索并查看）。请你也画一幅睡莲吧。在纸上画一些浅蓝色和深蓝色的波浪线，波浪线之间要留一些空白，这样才会产生阳光照在水面上的效果。等波浪线干了之后，把用绿纸做成的莲叶粘到纸上。把白纸或纸巾揉成团做成“莲花”，然后把这些“莲花”粘到绿色的莲叶上。在莲叶和莲花周围画上深绿色和深蓝色的倒影。

印象派画家创造了一种快速、明亮、时而混乱的艺术风格

印象派画家常常在户外进行创作，他们的作画速度很快，以便及时捕捉短暂的瞬间以及光线和天气对景物产生的影响

有些印象派画家使用粗糙的笔触和直接从颜料管里挤出来、未经调和的颜色

他们经常从不同寻常的角度描绘日常事物

《阿让特伊的帆船赛》，克劳德·莫奈，约1872年

后印象派

30秒大揭秘

继印象主义之后，大约在1885年到1910年间，出现了后印象主义。跟印象派画家一样，后印象派画家主要也是法国人，他们对光线、阴影和醒目的色彩十分着迷。

与印象派画家不同的是，后印象派画家都是特立独行的艺术家，他们尝试各种新的表现方式。这意味着他们每个人的风格和技法都自成一派。例如，乔治·修拉用小点而不是正常的笔触作画，这种独特的画法被称为“点画法”。

后印象主义者经常使用亮色，比如文森特·凡·高和乔治·修拉等画家将互补色（色盘上相对的两个颜色）相邻使用，这使他们的作品看起来更加明亮。保罗·高更使用平色、亮色配以黑色轮廓，有时他还会画一些符号来暗示双重意义。亨利·德·图卢兹－劳特累克用明快的颜色和流畅的风格描绘巴黎夜总会的人们。这些画家的创意对他们的追随者产生了极大的影响，许多人运用写实度低但更具表现力的色彩和笔触。

3秒钟总结

后印象派画家都有自己独特的风格和技法，但对他们每个人来说，用色都非常重要。

3分钟任务

像凡·高那样作画

你需要：纸、铅笔、颜料和画笔

照着凡·高的《星夜》轻轻画出树木、村庄和山丘的基本轮廓。将一点点水与厚厚的颜料混合，然后用醒目的色彩和显著的笔触画出你心目中的星夜。注意留出足够的地方画星星并尽量避免各种颜色混在一起。

后印象主义者使用醒目的颜色，而且各自形成了独特的技法

色盘显示出各种颜色之间的关联

蓝色、红色和黄色是三原色

绿色、紫色和橙色是二次色（由两种三原色混合而成）

蓝色和橙色是互补色（在色盘上彼此相对），将这两个颜色相邻使用会让作品看起来更加明亮

不同的画家使用不同的技法，在这幅画里，凡·高把颜料涂得很厚，你甚至可以看出笔触的纹理

《星夜》，文森特·凡·高，1889年

现代艺术

在20世纪以前，艺术家画什么、雕刻什么、用什么材料去创作，这些都有很多约定俗成的规则。后来，从印象主义挑战规则开始，一切都变了。摄影与此有很大关系——如果我们用照相机就能瞬间获得现实世界的图像，为什么艺术家还要做同样的事情呢？不久，许多艺术家开始随心所欲地表达自我。有些下定决心不走写实路线，还有些不再把技法看得那么重要。这种自由感催生了新的想法和艺术运动。

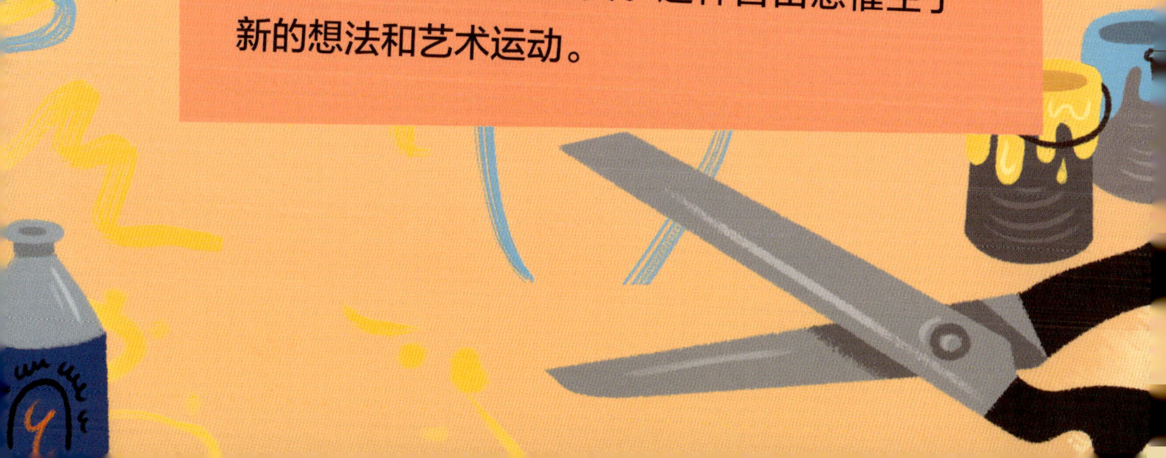

表现主义

30秒大揭秘

在20世纪初，受爱德华·蒙克和文森特·凡·高等19世纪晚期画家的影响，德国艺术家开始创作旨在表达情感的绘画和雕塑。他们作品的用色和主题不同寻常、令人震撼。这种新的艺术风格被称为“表现主义”。

表现主义运动虽然主要发源于德国，但后来传遍了整个欧洲。1905年，在德国德累斯顿，一群表现主义者把他们的艺术描述为连接过去与未来的桥梁，自称“Die Brücke”（德语，意为桥梁）。这些人包括恩斯特·路德维希·凯尔希纳、埃米尔·诺尔德和施米特·罗特卢夫。他们运用醒目的非自然色和扭曲的形状表达内心的感受，比如把人的肤色画成蓝色或黄色。他们为周遭所见的贪婪与自私感到困扰，想要通过作品将这些感受原样传递给观众。

1911年，艺术家瓦西里·康定斯基和弗朗兹·马尔克组成了一个新的表现主义团体，称作“蓝色骑士”。康定斯基说，之所以取这个名字是因为他们俩都喜爱马和蓝色，而蓝色在他看来是一种带有精神意义的颜色。蓝色骑士派也用醒目的颜色和怪异的形状表达他们的想法和感受。

3秒钟总结

表现主义者的目的不是写实，而是用扭曲的形状和颜色表达内心的感受。

3分钟任务

做一名表现主义者

你需要：白纸、彩纸或黑色纸和蜡笔，并邀请一位朋友或家人

让你的朋友或家人做出一个表情，并请他用心“感受”这种情绪，比如恐惧、愤怒、悲伤、困惑或开心。用蜡笔把他的表情画在纸上，用夸大的特征和颜色强调这种情绪。不要花太长的时间——你的第一印象往往是最强大的。

表现主义者试图表达自己的感受，
而不是精确地复制所见到的事物

恩斯特·路德维希·凯尔希纳用醒目、意想不到的颜色画人的脸、头发和衣服，还把人的身体画得很扭曲

《街景》，恩斯特·路德维希·凯尔希纳，1913年

表现主义艺术作品往往刻意让人感到怪异和不安

立体主义

30秒大揭秘

立体主义受到了非洲艺术和后印象主义早期艺术家保罗·塞尚的影响，后者在他的绘画中探索物体的基本结构。一名记者首次把这种风格称为“立体主义”，他说这些画看起来就像是由“小立方体”组成的。

第一批立体主义艺术家包括西班牙艺术家巴勃罗·毕加索和法国艺术家乔治·布拉克。自文艺复兴以来，画家在创作带有立体感的平面画作时一直遵循透视法，而立体主义画家另辟蹊径，同时从多个角度表现一个主题。因此，大多数立体主义作品同时呈现了主题的不同部分和不同的面，看起来就像是许多碎片从不同角度拼合而成的。

立体主义画作充斥着不同的形状和角度，所以为了避免画面过于凌乱，多数画家只使用几种特定的颜色，比如棕色、蓝色和灰色。对于某个主题，画面里通常只有其最重要的部分，以便观众能够更清楚地看到。1912年，毕加索和布拉克开始将拼贴技术应用到立体主义创作当中：把布料、报纸等材料粘贴到画上，代表一个主题的不同部分。这被称作“合成立体主义”。

巴勃罗·毕加索
（1881—1973）

3秒钟总结

立体主义画家放弃了透视法，试图在平面画布上展示这个三维的世界。

3分钟任务

创作立体主义拼贴画

你需要：几本杂志或几张打印出来的网络图片、剪刀、纸或卡片、胶水、铅笔或钢笔

从杂志或互联网上找两三张主题相同的图片，把这些图片剪下来，放在一张纸或卡片上进行排列组合，直到你对自己的设计感到满意。这时，用胶水把图片粘贴到上面。如果你喜欢，还可以添加一些线条或标记来表现其他部分。

立体主义画家从不同角度描绘同一个主题，在平面画作中展示三维物体

这幅画从多个角度描绘了一把小提琴

立体派画家放弃了透视法，注重体现物体的结构，而不是仅呈现从某个单一角度看到的死板形象

仅使用几种颜色以免画面显得过于凌乱

《小提琴和调色板》，乔治·布拉克，约1909—1910年

未来主义

30秒大揭秘

在20世纪初，汽车和飞机等新发明让一些意大利艺术家灵感勃发，想要用新的绘画、雕塑、诗歌和建筑来赞美机器、速度、能量、力量和未来。他们称其为“未来主义”运动。

未来主义者对过去的艺术并不感兴趣。1909年，意大利作家菲利波·托马索·马里内蒂起草了一份关于未来主义的宣言（声明），解释了未来主义者的观点，宣称意大利应该将其画廊、博物馆和图书馆内的所有东西都销毁，以便给这种新的艺术形式腾出空间。他的心愿最终没能达成，但这份宣言表明了未来主义者无视过去和专注未来的艺术追求。

未来主义者喜欢展现事物的运动并使用明亮的色彩。画家、雕塑家翁贝托·波丘尼认为，所有运动物体都有“力量线”，也就是穿过运动物体的能量线。他将“力量线”展现在他的雕塑和绘画作品当中。

3秒钟总结

未来主义者使用大量的色彩、线条和形状来赞美科技、机器、速度和运动。

3分钟任务

把运动画出来

你需要：彩纸、铅笔、蜡笔、画笔、纸巾

用铅笔在彩纸上轻轻画出一只在走或跑的动物，或者一个在走或跑的人。然后用颜色鲜艳的蜡笔上色，注意用断线或斜线，而不要涂成色块。最后，用手、干燥的画笔或纸巾将画上的颜料向远离动物或人的方向涂抹开来。

向前看的未来主义者赞美一切快速有力的新事物

几位未来主义者用“力量线”来体现运动的能量

在这幅画中，一名男子骑着马飞驰而过。从力量线我们可以看出，马和骑手在向前运动的同时也在上下运动。背景中那些冒着烟的工厂是对机器生产和工业进步的颂扬

《弹性》，翁贝托·波丘尼，1912年

达达主义

30秒大揭秘

1914年“一战”爆发时，有些欧洲艺术家移居到了瑞士苏黎世。当时，瑞士作为中立国并没有参战。

他们身居安全的瑞士，而战争的消息不断传来。得知人们正在野蛮残忍地互相残杀，他们大为惊骇，并开始通过创作“反艺术”来反对战争：创作刻意不合理的形象、雕塑、音乐、文字和表演，因为在他们看来，战争没有任何合理性可言。

他们把这场运动称作“达达”。名字起得如此随意，是因为“达达”对任何人来说都没有意义。这场运动很快传到了法国、德国、西班牙和美国，并一直持续到了1920年左右。

达达主义者嘲弄艺术传统，想要给观众带来震撼。他们经常使用非常规的材料进行创作：德国艺术家汉娜·霍克和马克斯·恩斯特用垃圾制作拼贴画；有些达达主义者把日常物件当成艺术品拿到展览上展出；还有一位钢琴家在整个表演过程中自始至终一个音符都没弹！

汉娜·霍克
（1889—1978）

3秒钟总结

达达是“不合理的艺术”，用刻意的荒谬表达对残酷战争的抗议。

小知识

现成艺术

1917年，马塞尔·杜尚想要把一个小便器拿去参加艺术展。他把小便器倒过来，签上“R. Mutt”（R. 马特），取名《喷泉》。他认为，这个小便器非他本人制造的这个事实并不能阻碍它成为一件艺术品。他知道，把它放到艺术展上，人们就会对它另眼相看。尽管这件展品当时激怒了很多人，但它对后来的艺术还是产生了巨大的影响。杜尚首次提出了“现成艺术”的想法——为其他用途而制造的东西可以直接拿来当作艺术品。

达达主义者刻意创作出不合理的艺术来反映“一战”中毫无意义的杀戮

达达主义者摒弃了传统艺术所使用的材料和方法，以震撼人心和挑战艺术的定义为创作目的

艺术家马塞尔·杜尚用现成的物件创作奇特的作品，这就是所谓的“现成艺术”

拼贴是达达艺术家使用的一种重要技法，拼贴画不是为了叙事，而是为了说明日常生活中的东西也可以成为艺术

《自行车轮》，马塞尔·杜尚，1951年（1913年的原作已丢失）

超现实主义

30秒大揭秘

1924年，一场新的文学和艺术运动出现在巴黎，它被称为“超现实主义”，运动领袖是诗人安德烈·布雷东。超现实主义意味着“多于现实”或“超越现实”。超现实主义艺术和文学想要表现出人的无意识心理，也就是我们没有认知的那部分心理活动。

奥地利的西格蒙德·弗洛伊德是最早探索无意识的心理学家之一，布雷东正是受到了他的启发。弗洛伊德研究了人的记忆、梦境和本能，并认为很多重要的想法和真实的感受其实隐藏在我们的无意识心理中。

在超现实主义的作品里，你往往会看到奇怪的东西组合在一起，看起来十分诡异。超现实主义画家的创作方式主要有两种：一是通过精心设计把写实风格的日常事物放在类似梦境的场景里呈现；另一种方法被称作“自动主义”，也就是艺术家“自动”进行艺术创作，整个过程无须思考，仿佛一切都由无意识心理支配。

萨尔瓦多·达利、雷尼·马格利特和伊夫·唐居伊采用第一种创作方式，而胡安·米罗、保罗·克利和简·阿尔普遵循自动主义。

雷尼·马格利特
（1898—1967）

3秒钟总结

超现实主义想要表现潜藏在内心的无意识心理。

3分钟任务

自动主义

你需要：大张白纸、粗头彩笔、颜料、画笔或彩色铅笔

把一张大白纸铺在你的面前，放空大脑，尽量不去想任何事情（这可没你想象的那么容易做到）。用几根粗头彩笔在纸上涂鸦，在这个过程中仍然不要想任何事情。涂一会儿，停下来看看你画了些什么，然后用粗头彩笔、彩色铅笔或颜料上色。

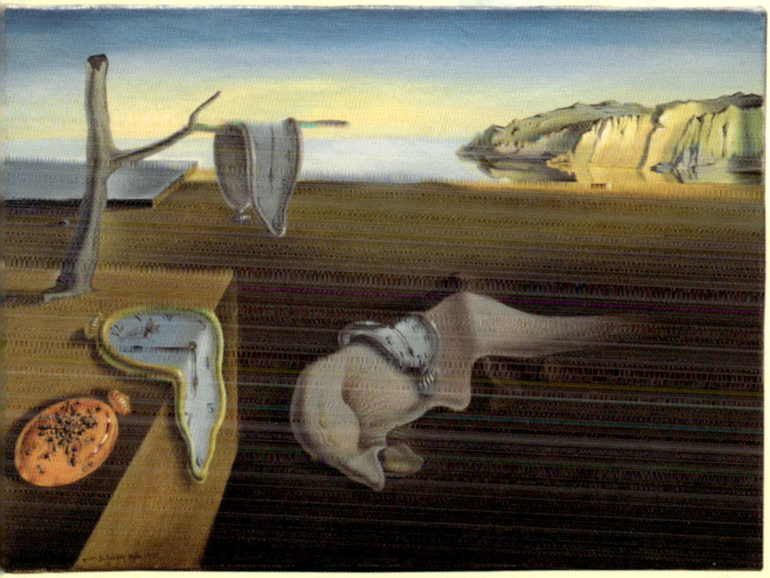

超现实主义者常常取材于自己的梦境、噩梦、记忆甚至是本能，创作出看起来不合逻辑却又引人入胜的作品

在超现实主义作品中，日常事物经常出现在奇怪的环境或场所中，比如你在萨尔瓦多·达利的这幅画中可以看到海滩上有几块正在融化的怀表

超现实主义艺术家对梦境和无意识心理很感兴趣

《记忆的永恒》，萨尔瓦多·达利，1931年

抽象表现主义

30秒大揭秘

“二战”之后，也就是20世纪40年代和50年代，一场名为“抽象表现主义”的新艺术运动从美国发端。抽象表现主义者既想表达他们对全球问题的看法，也想传递他们内心深处最隐秘的想法。

与超现实主义者一样，抽象表现主义者旨在创作源于无意识心理的艺术作品。抽象表现主义画作中没有物体和人物，只有用来表达画家内心感受的颜色、笔触和形状。对这类作品来说，观众的反应也很重要。

抽象表现主义作品通常尺寸巨大，基本上分成两种风格。杰克逊·波洛克、李·克拉斯纳和威廉·德·库宁等行动绘画派采用自动主义的创作方法，这与超现实主义者的做法相类似。马克·罗斯科、克利夫特·斯蒂尔和巴尼特·纽曼等画家的风格则更受控制，这种风格后来被称为“色域绘画”。此外，还有抽象表现主义的雕塑作品。

行动绘画派画家杰克逊·波洛克的做法如下：把画布铺在地板上，事先不做任何计划，直接从大颜料罐里把颜料泼溅或滴到画布上。色域绘画派画家则是把画布的不同部分浸泡成不同的大块颜色。

李·克拉斯纳
（1908—1984）

3秒钟总结

抽象表现主义作品的特点是尺寸巨大、内容抽象，是艺术家内心情感的表达。

3分钟任务

当一名抽象表现主义者！

你需要：一张大幅的厚纸、颜料、吸管、鸡尾酒装饰签或棉签

在厚纸上点一滴颜料。请将注意力放在自己的感受上，然后要么通过吸管吹出，要么用鸡尾酒装饰签或棉签抹出线条和形状。转动纸张，换不同的角度继续创作。接下来，你可以在旁边加一滴其他颜色的颜料，然后重复前面的操作。再换第三种颜色，过程同上。

抽象表现主义者的创作目的不是复制现实世界，而是用颜色和形状来表达内心的感受

抽象表现主义作品是抽象的，因此不同的人能从中看出完全不同的东西

色域绘画派的作品（如罗斯科的这幅作品）通常尺寸巨大，包含由单色块组成的大片扁平区域

杰克逊·波洛克不做任何计划，任由自己的无意识心理接管绘画过程并自发地进行创作

《无题》，马克·罗斯科，1952年

波普艺术

30秒大揭秘

波普艺术是一场有趣的艺术运动，开始于20世纪50年代的伦敦，在60年代传到了纽约。波普艺术家无法忍受当时艺术圈（尤其是抽象表现主义）的趋炎附势之风，希望创作出人人都能欣赏的艺术。他们画的都是大家熟悉的日常事物，比如包装、标签、漫画、广告和名人。

有些波普艺术家采用前人从未用过的艺术材料和方法进行创作。英国艺术家理查德·汉密尔顿把杂志里的图片剪下来，做成家居装饰拼贴画。美国艺术家安迪·沃霍尔的作品使用明亮的单色，并借鉴了广告和漫画书的印刷方法。在他的作品中，重复的图像让观众想起批量生产出来的超市商品。

波普艺术作品无一例外关注的都是现代世界，但每个艺术家的创作主题却五花八门。安迪·沃霍尔创作了大量以汤罐头和电影明星为内容的画作。克拉斯·奥尔顿伯格的作品是巨大而湿软的汉堡雕塑和冰激凌雕塑。罗伊·利希滕斯坦的作品看起来就像巨幅的连环漫画。这种鲜明的艺术作品，任何人——不管懂不懂艺术——都能欣赏。

3秒钟总结

波普艺术是对普通人日常生活的一种延伸，其创作灵感来自广告、包装和漫画。

3分钟任务

波普艺术作品

你需要：A5和A3纸、铅笔、扫描仪和打印机、胶水、彩色铅笔、钢笔或颜料以及画笔

设计一张食品包装纸吧，它可以用来包一块巧克力、一瓶烘豆罐头或一袋麦片。先用铅笔画出简洁清晰的轮廓；之后，将轮廓图扫描并用A5纸打印4份；接下来，把4份相同的轮廓图粘贴到同一张A3纸上，每个角贴一份；最后，用彩色铅笔、钢笔或颜料给每张轮廓图涂上明亮的非自然色，注意每张要涂不同的颜色。

波普艺术反映了20世纪50年代和60年代的现实生活，所有人都能欣赏

重复的图像和图案

使用明亮的单色

波普艺术的创作灵感来自电影、广告、包装和漫画

《金宝汤罐头》，安迪·沃霍尔，1965年

极简主义

30秒大揭秘

“极简主义”这个说法很早就有了，但它作为一种艺术风格的代名词还是在20世纪60年代和70年代才流行起来的。这种风格发源于纽约，然后传播开来，一直延续到了21世纪。极简主义注重精准、平衡和冷静，与色彩繁多、洒脱随意的抽象表现主义形成鲜明的对比。

极简主义者通常不使用颜料，而是使用现代工业材料进行创作，比如木块、砖块、金属和荧光灯。极简主义艺术家使用各种几何形状创作简单的三维作品。他们将三维形状进行有规律的重复排列，同时每件作品仅保留最基本的元素。他们希望自己的作品只关乎材料和形状，而与其他任何因素都无关。

极简主义的作品尺寸巨大，但构造简单。观众在欣赏作品本身的同时，也必定会注意到已经与作品融为一体的周围空间。著名的极简主义者唐纳德·贾德用机器制造的材料来创作不带有一丝感情的作品。另一位著名的极简主义者卡尔·安德烈则把砖块等物体规则摆放，引发人们对这些形状和材料的思考。

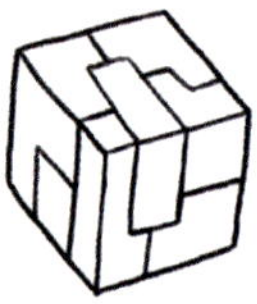

3秒钟总结

极简主义艺术家使用生活中常见的材料（多数是工业材料）以及简单的结构和形状进行创作。

3分钟任务

创作一件极简主义作品

你需要：玩具砖或纸板箱

用玩具砖或者纸板箱亲手设计一件极简主义作品吧！请把多个相同的图案和简单的形状排列起来。要记住，如果你愿意，可以在形状之间留出空间。

极简主义者认为“少即是多”

《无题》，唐纳德·贾德，1989年

极简主义艺术家经常使用现代工业材料，比如：

金属

木头

砖

荧光灯

由三维形状和重复图案构成的极简主义作品就是要极尽简单

通常来说，极简主义是关于形状、材料和作品周围空间的艺术，它既不承载信息，也不叙事

当代艺术

在20世纪70年代，艺术家使用的材料更加广泛，像家居用品、计算机和建筑材料这些意想不到的东西纷纷出现在了艺术作品里，有些艺术家甚至用上了周围的自然景观。艺术变得不再那么在意技巧，而是更多注重表达思想——这种倾向一直延续到今天。当代艺术可能会带给你震撼、困惑和有趣等多种多样的感受。对当代艺术而言，观众的反应往往与作品本身同等重要。

大地艺术

30秒大揭秘

几千年来，艺术家通过绘画和雕塑表现世界，但大地艺术家却以大自然本身为材料进行创作。这种崭新的艺术创作形式始于20世纪60年代后期的美国。

那时，天然的物件和史前艺术家的洞穴艺术给了大地艺术家以灵感。他们有些人对当时艺术界的拜金主义和趋炎附势不以为然，反而更喜欢使用简单、天然的材料，创作无法买卖和展出的艺术品。

多数大地艺术家在户外工作，就地取材进行创作，像岩石、树叶和碎石都可以成为他们的创作材料，所以这类作品往往存在的时间很短。有些人只不过是穿过一片风景，或者把石头和树叶这样的物体稍微挪挪地方，然后拍成照片或绘成地图，便完成了一件大地艺术作品。之后，他们再把那里恢复原貌，就好像他们从未来过。大地艺术家大多都关心环保，绝不会去破坏环境。

美国艺术家罗伯特·史密森在美国犹他州的大盐湖建造了一条巨大的螺旋形防波堤。英国艺术家理查德·朗则以户外远足、沿途拍摄以及绘制旅行地图的创作方式而闻名。英国艺术家安迪·高兹沃斯是一名雕塑家和环保主义者，他用石头、棍棒、泥土和树叶进行创作。

3秒钟总结

大地艺术的短暂性通常是有意为之的，这些由天然物件组成的作品旨在引发人们对环境的思考。

3分钟任务

大地艺术展

到户外收集一些小东西，比如树叶、鹅卵石、贝壳、橡果、树枝、雏菊或者枞果。注意你只能从地上捡，千万不要把任何一样东西从它本该待着的地方拿走。如果你不确定，请问问身边的成年人。之后，找一小片空地（比如草地或沙地），用你捡到的东西开始设计。试着拼一个圆圈、一条螺旋线或者一条波浪线。如果有条件，请把你的作品拍下来。

大地艺术家不是复制大自然，而是以大自然为材料进行艺术创作

罗伯特·史密森的《螺旋形防波堤》由泥土、盐晶体和岩石精心堆叠而成，长度超过450米，宽约5米

安迪·高兹沃斯的这件鸡蛋状雕塑作品全部由天然石材精心堆叠而成

岩石、树叶、树枝、石头，甚至冰、雪和水都可以用来进行大地艺术创作

左图：《螺旋形防波堤》，罗伯特·史密森，1970年
右图：《哨兵》，安迪·高兹沃斯，1998年

概念主义

30秒大揭秘

当代艺术看重原创性，往往以出人意料的方式表达与众不同的想法，带给观众不可思议的体验。从20世纪60年代开始，有几位艺术家认为，作品背后的想法（思想）比作品的外观更重要。这便是概念主义艺术运动的开端。

那时，艺术已经开始变成只有富人才消费得起的又一种奢侈品，艺术家对此十分不满，这正是概念主义兴起的原因。这些艺术家认为，人们过于看重传统的艺术技巧，而他们注重表达思想的创作思路正在把艺术从价格和技巧的束缚中解放出来，因为思想是没办法买卖的。

对于概念主义者来说，只要能将他们的思想表达得淋漓尽致，不管什么技法和材料都可以拿来用，比如德国的艺术家约瑟夫·博伊斯在创作中使用了大量毛毡。“二战”期间，他的战斗机坠毁了，部落里的人为了避免他冻死用毛毡和脂肪把他裹了起来。这个创意已经成为其某些作品的重要元素。2005年，美国概念主义者玛丽·凯利请年轻女性帮忙，对20世纪70年代示威游行的历史照片进行再创作。她的想法源自她对女权的信念。

小知识

思想的艺术

概念主义艺术家（概念主义者）不像过去的艺术家那样注重技法。许多概念主义者所使用或展示的一些技法并不被艺术界认可。有时他们还创作规模巨大的作品，迫使观众参与到他们的创作思想中去。他们的想法有些源自个人经历，有些来自周遭的世界，但无一例外都在促使人们从另一个角度看待和思考事物。

3秒钟总结

概念主义注重艺术背后的思想，而不是技法。

概念主义者认为艺术作品背后的思想比作品的外观更重要

艺术家艾未未的这件作品由1亿颗手工绘制的陶瓷瓜子组成

他希望借此引发人们思考批量生产、个人技能和中国传统手工艺

日本艺术家草间弥生最有名的作品是覆盖着圆点的大型装置作品和雕塑作品

这个想法源自草间弥生的个人经历。时而产生幻觉的她，试图将幻觉转换成覆盖着圆点的真实物体，从而理解幻觉的含义

左上图：《1亿颗陶瓷瓜子》，艾未未，2011年
右下图：《南瓜》，草间弥生，2006年

新媒体艺术

30秒大揭秘

在20世纪末和21世纪初，许多艺术家放弃了传统绘画和雕塑，转而尝试采用新的材料（有时也称媒材）和方式进行创作，比如视频、数码艺术、计算机图形、电脑动画、虚拟艺术、互联网艺术和3D（三维）打印。

用不常见的材料创作出来的艺术作品往往具有很强的冲击力，同时也拓宽了艺术家的创作选择。例如，数码艺术可以是计算机生成的、扫描而成的，也可以是用平板电脑或手机绘制出来的。

有些当代艺术作品刻意激起观众的强烈反应。在20世纪90年代，英国艺术家达米恩·赫斯特向人们展示放在灌满甲醛的玻璃缸中的动物尸体（甲醛是一种具有防腐作用的液体化学品）。观众的强烈反响成了作品本身的一大特色，于是更多人听说了这件作品，赫斯特也由此声名远播。

这类艺术家热衷于用他们的作品激发争议（即强烈的感想和反应）。他们这样做并不是为了制造人与人之间的矛盾，而是意在引导观众不要迷信专家的解读，而要去质疑作品背后的思想。

3秒钟总结

当代艺术家使用五花八门的材料进行创作，其用意往往是促使观众以新的方式去思考。

小知识

钟

在1991年，古巴出生的艺术家菲利克斯·冈萨雷斯－托雷斯展示了两台一模一样的石英钟。他将两台时钟调到了同一时刻，但世界上从来没有完全相同的两样东西。两块电池——还有两台时钟——终究会变得不再同步。冈萨雷斯－托雷斯希望观众去思考两情相悦的伴侣之间牢固的纽带，以及随着时间的推移，我们所有人终将走向不同的人生轨迹。

当代艺术家创作时所使用的材料极为广泛，其中有些人的作品颇具争议

达米恩·赫斯特的这件装置作品使用了动物尸体、化学品等非传统材料

观众对这件作品有着不同的反应，而争议和公众讨论已成为作品本身重要的一部分

《生者对死亡的不解》，达米恩·赫斯特，1991年